AF224123

DES
APPÉTITS FACTICES

PAR

LÉON BIGOT

Professeur de l'Université
Professeur à l'Association Polytechnique de Paris
Membre de plusieurs Sociétés savantes

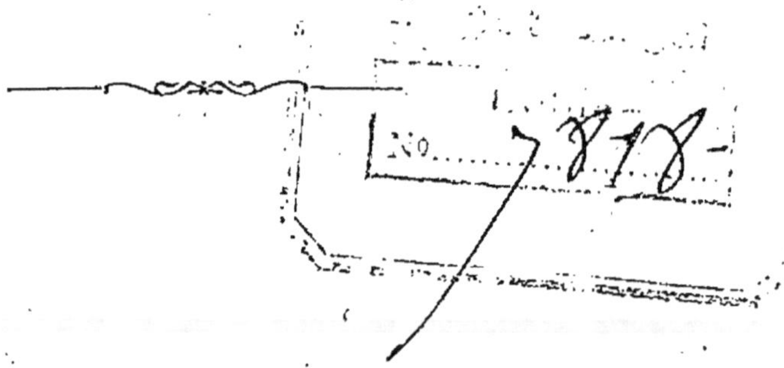

PARIS

LIBRAIRIE J. GRASSART

2, RUE DE LA PAIX, 2

—

1885

DES
APPÉTITS FACTICES

PAR

LÉON BIGOT

Professeur de l'Université
Professeur à l'Association Polytechnique de Paris
Membre de plusieurs Sociétés savantes

PARIS

LIBRAIRIE J. GRASSART

2, RUE DE LA PAIX, 2

1885

A mon éminent Confrère et Collègue

Monsieur le Professeur A.-F. BEARD

D. D.

de l'Université de New-York

L. B.

DES APPÉTITS FACTICES

En Amérique, aux États-Unis, dans cette République étonnante où les villes surgissent au milieu des déserts, où les charpentiers deviennent magistrats, où, dans les Universités, les femmes étudient le grec aux côtés de leurs futurs époux, sans que le moindre trouble en résulte, — il y a un nombre considérable de citoyens qui stupéfieraient le vieux Caton par leur sobriété, et qui repoussent le vin de leur table, fût-il du vin de Tusculum, — un cru de philosophe, cependant. Ces hommes d'État, ces professeurs, ces officiers, ces commerçants boivent de l'eau et ne fument pas. Au point de vue physique, quelques-uns d'entre eux sont des athlètes; au point de vue moral, beaucoup de ces gens-là sont des penseurs profonds. Libre au « boulevardier » de dire que ces choses ne se voient qu'en Amérique, et que les Yankees ont la spécialité des originalités inattendues : je connais les paquebots sautant à l'envi, dans une course folle, au milieu des hourrahs des passagers, sur le Mississipi couvert de cages à poules et de bouées insubmersibles; cela est vieux, et n'atténue en rien la gloire des *abstainers*. Ces hommes-là sont de rudes hommes, après tout, et nous ne les valons pas, n'ayant pas leur force !

Car il faut être fort, convenons-en, pour nous débarrasser des « habitudes ! » La nature humaine est si étrange qu'elle semble désirer ce qui lui est contraire, et quelquefois, par une sorte de perversion étonnante, ce qui lui est le plus douloureux : les *jouissances* recherchées par elle, dans certains cas, sont, en effet, si peu *agréables* qu'elles bouleversent souvent ceux qui les éprouvent pour la première fois.

C'est sans doute par ironie que la philosophie a donné le nom d'*appétits* à ces désirs absurdes qui substituent à la nature quelque chose de faux et d'artificiel : il est vrai qu'elle a attribué à l'*appétit* ainsi compris l'épithète de *factice*.

Factice, en effet, car le mot appétit, dans le sens vrai, s'applique à une catégorie particulière de désirs périodiques, renaissants à des intervalles déterminés, et ayant une fin. Cette fin, on l'a définie : c'est tantôt la conservation de l'individu, tantôt celle de l'espèce. Or, quelle est la fin de l'appétit qui n'est pas naturel? Acquis par l'usage, augmenté par l'abus, de plus en plus tyrannique, il entraîne la ruine des individus, la décadence des races. Le tabac, l'opium et les liqueurs enivrantes agissent sur l'organisme tout entier, troublent les fonctions animales, et perturbent plus particulièrement le système nerveux. Eh bien ! l'homme qui a contracté l'habitude de s'abrutir ainsi et d'exciter perpétuellement ses nerfs, de détraquer sa machine, en un mot, par des pratiques qui révolutionnent toute son économie et transforment ses tissus au point de jaunir par l'action de la fumée la muqueuse qui tapisse les voies respiratoires, ou de les saturer d'un alcool qui les met en danger de flamber comme un punch, — cet homme a des peines infinies pour redevenir un être normal, vivant selon les règles naturelles de la vie, dans des conditions rationnelles !

Les moralistes ont combattu par la raison et par le raisonnement la passion du tabac et de l'alcool, dont, par une dérision amère, on appelle eau-de-«vie» la forme la plus commune. Il est évident que les appétits factices prouvent, la plupart du temps, un cas pathologique spécial ; il y a rupture d'équilibre, solution de continuité dans le libre exercice des fonctions intellectuelles et des besoins physiques, perversion absolue !

Spinosa, qui, dans son *Ethique*, définissait la joie et le contentement « le passage d'une perfection moindre à une perfection plus grande, » nous fournit même un excellent argument. Sa définition est bonne, parce qu'elle est complète. Il est dans les lois naturelles que toute joie ne puisse venir que du parfait. Or, si la joie ne vient pas du parfait, le sens moral est perverti ; donc si vous trouvez une jouissance quelconque dans l'apaisement d'un appétit qui n'a pas sa raison d'être dans notre nature, qui n'a pas pour but la conservation physique, le perfectionnement intellectuel ou moral de l'individu, ou la propagation de l'espèce, — vous errez, car les appétits factices ne sauraient être considérés comme poursuivant une modalité quelconque du parfait.

Reid, tout en restant sur le terrain philosophique, établit péremptoirement que les « *habitudes* » sont dangereuses au point de vue physique. Mais il n'est peut-être pas assez sévère quand il dit que, si l'on ne s'en préserve pas complètement, il faut avoir soin de ne s'en pas laisser dominer. Ces restrictions sont quelquefois grosses de conséquences, auprès des esprits faibles : elles plaident un peu en faveur des capitulations qu'une âme mal trempée tient toujours en réserve.

Les physiologistes ont trouvé des arguments plus frappants. Aussi bien la science expérimentale a-t-elle toujours eu plus de prise sur le scepticisme. D'excellents livres ont été publiés à ce sujet par des hommes éminents.

La médecine a péremptoirement établi que le tabac, — *nicotiana tabacum, nicotiana rustica, vel persica,* etc., — est un poison

narcotico-âcre, très-violent, qui produit, en
même temps que l'inflammation du canal
intestinal, la stupeur, le « tremblement, »
les vertiges et..... la mort. Il a été dit,
maintes fois, que cet engourdissement mo-
mentané, si recherché des fumeurs, finit
par provoquer des étourdissements fré-
quents, congestionne les yeux, et amoindrit
chez les hommes d'étude cette fièvre du
travail qui doit animer perpétuellement
l'écrivain, et l'attacher à ses livres. Il a
été prouvé que les facultés génésiques, dont
la conservation et le développement cons-
tituent, en somme, le principe de l'humanité, étaient diminuées dans des proportions inquiétantes par l'effet du tabac!
Poison terrible, donc, que celui qui ne se
contente pas d'éteindre peu à peu les intelligences, et qui va jusqu'à arrêter la vie
dans ses sources !

L'opium, qui n'est que le suc épaissi des
capsules du *papaver sommiferum*, passe aux
yeux des Occidentaux pour un poison vio-
lent. Il l'est, en effet. Mais le tabac le vaut
presque. Les Occidentaux, avant de con-
damner le Chinois abruti par l'opium, ne
devraient-ils pas laisser de côté leurs pipes
et leurs cigares ? L'analyse a donné les
éléments suivants de l'opium : morphine
combinée avec l'acide méconique et avec
l'acide sulfurique; codéine, à l'état de mé-
conate acide; narcotine; narcéine; méco-

nine ; paramorphine, etc... Ces éléments divers suffisent pour expliquer les trois propriétés principales de l'opium : action soporifique, action excitante, action toxique.

Les peuples qui se livrent à l'opium ne sont pas grands clercs, certes, en matière médicale. Mais ils voient les fumeurs tomber dans un état de décrépitude morale et physique effrayant, et parcourir les rues de leurs villes comme des spectres hideux. : et ce spectacle ne les éloigne pas de l'opium ! L'appétit factice l'emporte sur l'appétit naturel : certains malheureux font un repas de moins pour fumer plus à l'aise ! Au moins, les Orientaux ont l'excuse d'être ce qu'ils sont, c'est-à-dire des ignorants et des sensualistes grossiers. Ce qu'il y a de déplorable, c'est de penser que des hommes qui ont pour eux la science et le progrès, finissent par leur ressembler ! Le fumeur obstiné, qni ne lâche pas le cigare, ou la pipe, ou la cigarette, et qui, cependant, sait à quoi s'en tenir sur les effets effrayants du tabac, surtout lorsqu'il a passé par les Facultés, est-il plus raisonnable que le fumeur d'opium ?

Une des habitudes qui ont le plus contribué, depuis un demi-siècle, à abaisser le niveau des intelligences et à débiliter les corps, c'est celle de l'alcool. L'alcool et le tabac, voilà les deux ennemis de cette humanité que Condorcet proclama perpétuellement perfectible!

Un préjugé populaire qu'il est utile de combattre, c'est celui qui fait dire, parmi les ouvriers, qu'« *il faut boire du vin et de l'alcool pour travailler.* » Le vin, pris à petites doses, est une excellente chose; pris dans les proportions d'*un litre par jour* par homme, il peut déjà avoir des effets déplorables. Le vin n'est pas une boisson nutritive : le dernier des chimistes vous le prouvera quand il le voudra. Qnant à « l'alcool, » ses bons effets sont si rares, en dehors de la thérapeutique, qu'il est inutile d'en parler. Pour en user quotidiennement sans en ressentir de mauvais effets, il faut être sage, et ceux qui en boivent ne le sont guère. Toutes les formes que la distillation la plus savante s'est ingéniée à donner à l'alcool, aussi bien dans des monastères illustres, dont les hôtes eussent dû penser à des spéculations plus graves, que dans l'industrie privée, — toutes, sans aucun exception, peuvent amener le *delirium tremens*, c'est-à-dire l'*alcoolisme aigu*, et l'*alcoolisme chronique*, plus traître, plus lent, plus terrible, peut-être, parce qu'il est plus commun! Les alcooliques pullulent dans notre société qui se surmène, que les excès dépravent et corrompent! Or, ce n'est pas l'ivresse manifeste, bruyante, qui met les pays en grand

péril, c'est l'envahissement de ce mal
étrange qui trouble les fonctions de la nu-
trition, provoque le refroidissement des
extrémités, fait trembler la main, modifie
la perception des sens, paralyse la langue,
promène l'œdème sur un corps maladif,
abêtit, abrutit et tue !

La résultante de toutes ces forces nuisibles
qui minent l'humanité, porte un nom tout
moderne : la *névrose*. On pourrait dire que
la multiplicité des appétits factices, jointe à
l'existence étonnante que les hommes de
toutes les classes mènent, dans la société
contemporaine, provoquent la *névrose*. A la
vérité, on fume, on boit, on veille, on tra-
vaille avec *furia* ; on veut jouir de suite
avant d'avoir vécu ; on se jette dans une
sorte de bousculade bruyante que l'on
prend pour la vie et qui n'en est que la
fièvre. Tous les ressorts du corps et de l'esprit sont déplorablement tendus : l'existence normale disparaît devant l'exagération de la vie artificielle.....

En somme, qu'est-ce que la *névrose*?
Quels en sont les symptômes? Il semble que la science moderne ait beaucoup de peine à définir ce mal, aujour-
d'hui si commun que tous les hommes
paraissent « névrosés ! »

La « névrose » est l'ensemble d'accidents
bien divers dont la cause unique est la per-
turbation du système nerveux. L'anémie,

chez les femmes, accompagne ordinairement
la névrose. Mais l'anémie, chez les femmes
comme chez les hommes, a fréquemment
pour cause une hygiène déplorable, une
manière de vivre où toutes les fonctions
sont bouleversées. N'a-t-on pas dit que
quelques malheureuses, dont l'esprit désé-
quilibré n'a plus la notion exacte de ce qui
est moral ou de ce qui ne l'est pas, femmes
élégantes appartenant à ce monde bizarre
où de prétendues grandes dames coudoient
des filles parvenues à la fortune par le vice,
se piquaient avec de la morphine pour
donner de l'éclat à leurs yeux, une vivacité
fébrile à leur esprit, un je ne sais quoi de
langoureux à leur maintien? N'est-ce pas
là l'œuvre des appétits factices?

Il serait puéril de passer en revue tous
les faits qui se révèlent à l'observateur. Il y
a des cas où nous *constatons l'influence ex-
clusive* des besoins artificiels, surtout quand
nous considérons les infirmités qui viennent
assaillir cette partie du genre humain que
notre orgueil s'est complu à appeler le sexe
fort. Nous laisserons le lecteur compléter
par lui-même, grâce à ses observations per-
sonnelles, pour en revenir à la partie éco-
nomique de cette brève étude.

Nous n'hésitons pas à déclarer que le tabac et l'alcool sont, pour les États, des
agents de ruine en même temps que des
agents de décadence. L'ouvrier qui rationne

le pain de ses enfants et qui se prive lui-
même du nécessaire pour payer son tabac
et son « eau-de-vie; » les misérables qui
cherchent dans l'ivresse un oubli tempo-
raire de leurs maux, et qui se réservent des
réveils d'autant plus terribles que la réa-
lité leur apparaît dans toute sa laideur; —
tout cela est grave, ce nous semble, et mé-
rite l'attention du penseur. Mais si l'individu paraît coupable, que dire de la société
qui, loin de le moraliser, de l'aider à sortir
de l'abîme, encourage ses vices et s'efforce
de le précipiter pour toujours dans le
gouffre? Le monopole de la vente des tabacs, réservé par certains gouvernements,
aussi bien que l'impôt des alcools, sont
des dispositions déplorables, au point de
vue philosophique, car elles font de la loi humaine, chargée d'assurer l'exécution des
taxes, une chose sans fondement rationnel,
sans base morale, et, par conséquent, sans
autorité, — puisque l'autorité ne saurait
exister du fait de la volonté des hommes, si
cette volonté n'est pas conforme aux pres-
criptions de la première de toutes les lois!
Est-ce que l'empoisonnement des hommes
par les hommes peut être reconnu, autorisé
par la loi morale? Non. Alors quel jugement
porter sur une législation qui prévoit cet empoisonnement, qui lui donne des règles, si-
non des limites, et sur un État qui pense bé-
néficier de l'abrutissement de ses citoyens?

On objectera néanmoins que les impôts de ce genre rapportent énormément aux États. Ceux qui font de ces réponses sont des économistes qui ne voient que les chiffres, et qui, par conséquent, ignorent la science qu'ils prétendent pratiquer. Les millions ne sont rien quand on les met en regard du nombre de soldats enlevés, sur le chiffre total d'une population, par les maladies héréditaires, par la phtisie et l'idiotisme! Les millions ne sont rien en face du coefficient accusé chaque année par la diminution incessante de cette population décimée! En outre, nous pouvons répondre que cette manière de voir est blâmable. En admettant que l'État perdit considérablement à la suppression de l'impôt des tabacs, nous ne pensons pas que cette perte constitue un argument suffisant en faveur d'une disposition odieuse. Les vices ne doivent pas être profitables à la chose publique. N'est-ce pas un scandale que de voir, par exemple, la prostitution rapporter à l'État? C'est cependant le spectacle qui nous est offert aujourd'hui!

Un publiciste, que son esprit a rendu célèbre, Alphonse Karr, a supposé ingénieusement, à propos du tabac, un peuple *achetant très cher des coups de pied et des coups de bâton*, et il a démontré que les nations qui payaient largement le droit de s'empoisonner, par le nez ou par la bouche, avec du tabac, étaient des nations au moins aussi folles que son peuple imaginaire, se ruinant à l'achat des coups de bâton. Cette manière humoristique de présenter les choses donne une idée très juste de la puissance étonnante que les appétits factices exercent sur les hommes, sur les sociétés entières.

Est-ce parce que l'Amérique est libre, plus libre que les autres parties du monde, que l'on y voit, de nos jours, plus que partout ailleurs, ces manifestations éclatantes contre la tyrannie du vice? Peut-être. Tous les despotismes sont odieux, mais celui-là l'est plus que les autres. Les « abstainers » sont des républicains qui admettent toutes les conséquences de leurs belles doctrines. Ils professent que, pour être libres, il faut savoir user de la liberté, et que la liberté ne va pas sans la responsabilité. Un homme, humble serviteur de ses passions, esclave d'appétits qui ne sont pas naturels et qui n'ont pas de but, est-il libre, au point de vue philosophique? Evidemment non. S'il ne sait pas être libre dans le domaine moral, pourquoi saurait-il l'être dans le domaine social et politique? La réponse est simple. Ceux qui me liront concluront.

En attendant, je prétends que l'exagération continuelle des appétits factices et des besoins artificiels est un danger permanent pour les individus et pour les sociétés, pour la morale et pour la liberté. Et je professe que ce danger peut se conjurer.

Dans le silence du cabinet, j'ai préparé plus d'un cours, j'ai écrit plus d'un ouvrage et corrigé plus d'une « épreuve » en fumant pendant des heures. J'ai usé du tabac, ce poison homicide, comme tant d'autres en usent; j'ai prétendu qu'il n'était pas nuisible, comme tant d'autres aussi. Quand j'eus reconnu mon erreur, j'ai énergiquement combattu ce besoin absurde, cet appétit déplorable. Vouloir, c'est pouvoir; pouvoir, c'est être libre. J'ai fait preuve de liberté, à l'exemple de quelques libres esprits qui ont réagi, eux aussi, contre de fâcheuses tendances. Ce que j'ai fait pour le tabac, ce que d'autres ont fait avant moi, tous le peuvent faire pour l'alcool et les autres passions mauvaises.

Les appétits factices ne sont pas invincibles : il faut le proclamer bien haut, afin de rétorquer les opinions fausses, destructives, qui se glissent peu à peu dans nos sociétés modernes, comme pour y préparer le retour du despotisme.

Le spinosisme a soutenu, à tort, que toute notre liberté consiste à croire que nous sommes libres : « *Atque hæc humana libertas, quam omnes habere jactant, in hoc solum consistit, quod homines suî appetitus sunt conscii, et causarum a quibus determinantur sunt ignari.* » Il faut en revenir au vieil Aristote, qui jugeait plus sainement les choses, et qui déclarait que l'homme est l'auteur de ses actes, comme il l'est de ses enfants : ce qui est logique. Or, si l'on désire que cette responsabilité des actes ne nous accable pas, si l'on veut qu'elle ne soit pas notre condamnation et qu'elle ne tourne pas à notre honte, — il faut jeter le gant, vaillamment, aux besoins artificiels.

Et je conclurai, comme j'ai commencé, par un hommage aux hommes forts, aux « abstainers, » à ceux qui mettent l'activité utile de la vie au-dessus des jouissances passagères, dès que ces jouissances leur paraissent nuisibles; à ceux qui rougissent de retirer à l'amour, à la famille, au travail, à la patrie, une partie du temps qu'ils leur doivent consacrer, et qui pensent que les forces qui leur ont été départies ne doivent pas être disséminées par des pratiques que la nature condamne, puisqu'elles n'ont pas de but !

Les *abstainers* professent qu'il est « impie » de ne pas maîtriser certains désirs, parce que ces désirs ne sont pas humains. De quelque manière que l'on veuille comprendre le mot « impie, » les *abstainers* ont raison.

Paris. — Imp. Wattier et Cᵉ, 4, rue des Déchargeurs.

www.ingramcontent.com/pod-product-compliance
Lightning Source LLC
Chambersburg PA
CBHW051303050726
47595CB00008B/3395